Impressum
Verlag: BABADADA GmbH, Nedderfeld 112 , 22529 Hamburg
Geschäftsführer / Verlagsleitung: Harald Hof
Druck: Books on Demand GmbH, In de Tarpen 42, 22848 Norderstedt

Imprint
Publisher: BABADADA GmbH, Nedderfeld 112 , 22529 Hamburg, Germany
Managing Director / Publishing direction: Harald Hof
Print: Books on Demand GmbH, In de Tarpen 42, 22848 Norderstedt, Germany

la escuela

学校

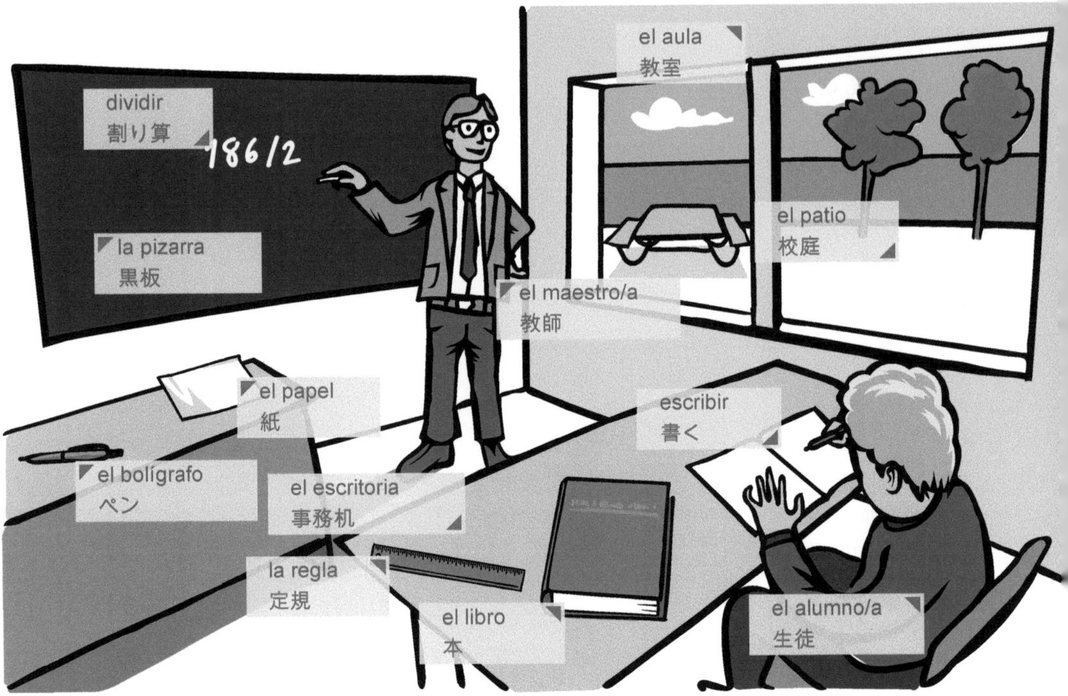

el aula
教室
dividir
割り算
186/2
la pizarra
黒板
el patio
校庭
el maestro/a
教師
el papel
紙
escribir
書く
el bolígrafo
ペン
el escritoria
事務机
la regla
定規
el libro
本
el alumno/a
生徒

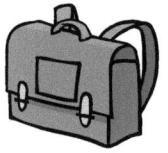

la cartera
ランドセル

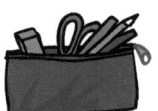

la caja de lápices
筆入れ

el lápiz
鉛筆

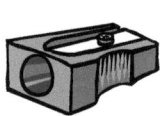

el sacapuntas
鉛筆削り

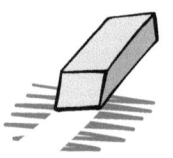

la goma de borrar
消しゴム

el cuaderno de dibujo
スケッチブック

el dibujo
スケッチ

el pincel
絵筆

la caja de pinturas
絵の具箱

las tijeras
はさみ

el pegamento
接着剤

el cuaderno de ejercicios
練習帳

los deberes
宿題

12

el número
数

2+2

sumar
足し算

5-2

restar
引き算

2×2

multiplicar
かけ算

calcular
計算する

A

la letra
文字

ABCDEFG
HIJKLMN
OPQRSTU
VWXYZ

el alfabeto
アルファベット

hello

la palabra
単語

el texto
テキスト

leer
読む

la tiza
チョーク

la lección
授業

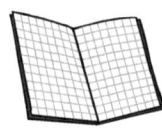

el cuaderno de notas
学級日誌

el examen
試験

el certificado
通知表

el uniforme
制服

la educación
教育

la enciclopedia
百科事典

la universidad
大学

el microscopio
顕微鏡

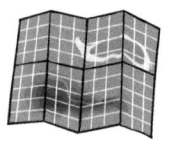

el mapa
地図

la papelera
ごみ箱

el viaje
旅行

Grand
el hotel
ホテル
el albergue
ホステル
ROOMS
CHANGE
oficina de cambio de divisas
替所
la maleta
スーツケース
el coche
自動車

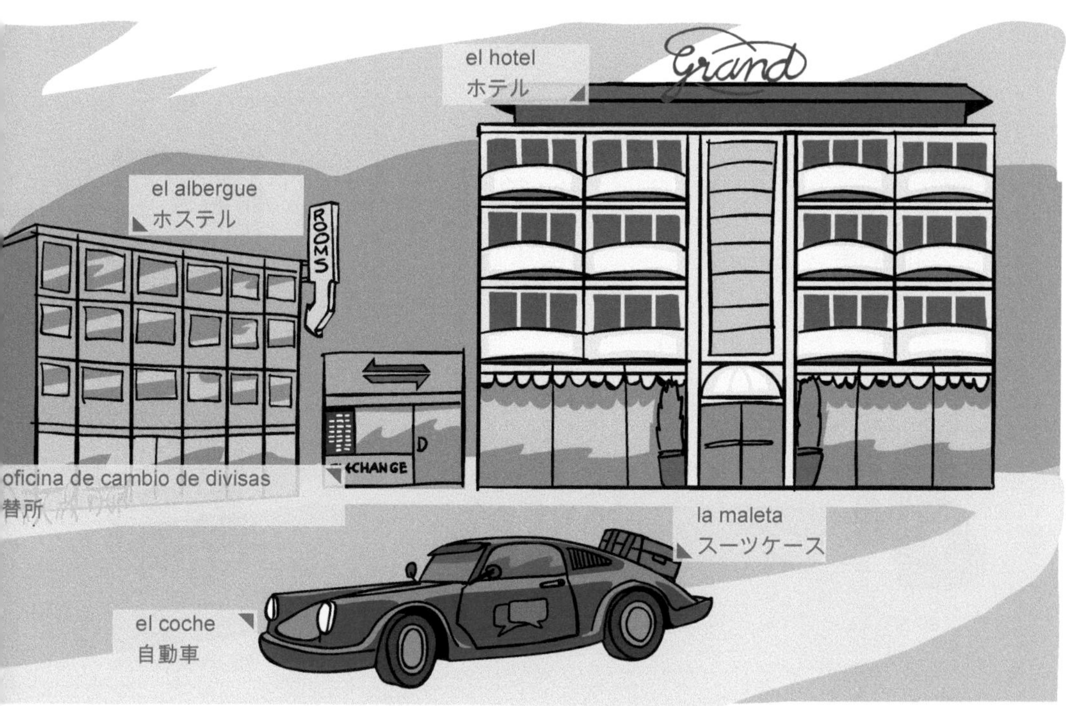

el idioma

言語

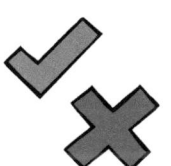

sí / no

はい / いいえ

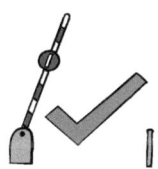

Vale

問題ない

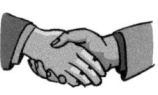

hola

ハロー

el traductor

翻訳者

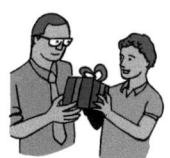

Gracias

ありがとう

¿cuánto es...?

...はいくらですか？

No entiendo

わかりません

el problema

問題

¡Buenas tardes!

こんばんは！

¡Buenos días!

おはようございます！

¡Buenas noches!

おやすみなさい！

adiós

さようなら

la dirección

方向

el equipaje

手荷物

la bolsa

バッグ

la mochila

リュックサック

el invitado

お客様

la habitación

部屋

el saco de dormir

寝袋

la tienda de campaña

テント

la información turística

旅行者情報

la playa

ビーチ

la tarjeta de crédito

クレジットカード

el desayuno

朝食

el almuerzo

昼食

la cena

夕食

el billete

チケット

el ascensor

エレベーター

el sello

スタンプ

la frontera

境界

la aduana

税関

la embajada

大使館

la visa

ビザ

el pasaporte

パスポート

el transporte

輸送

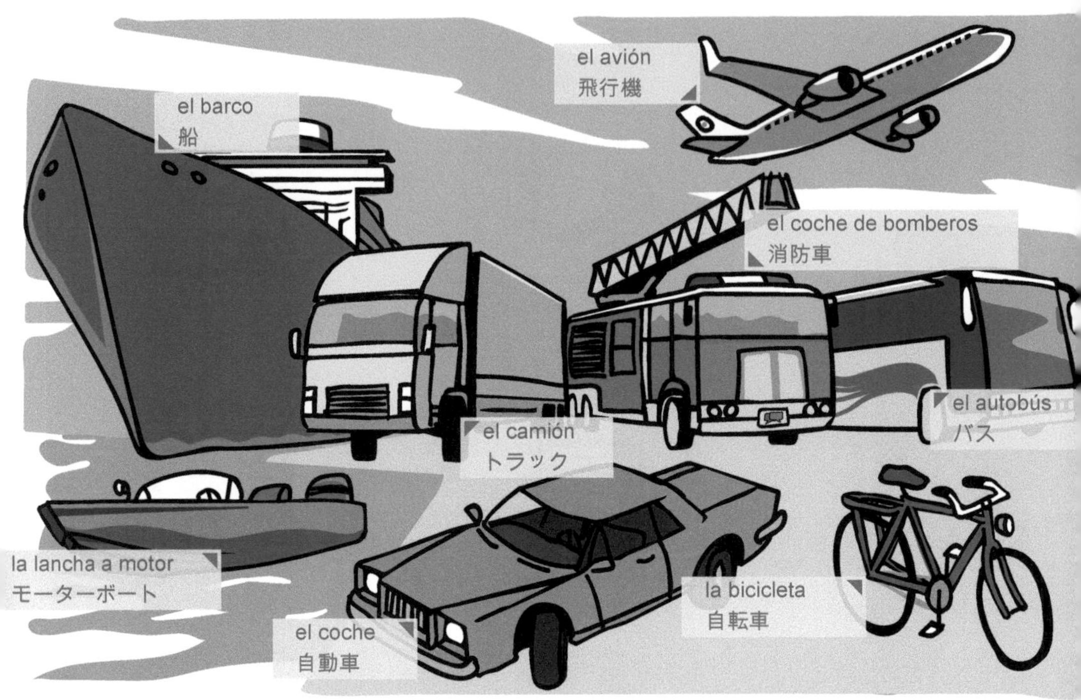

el avión
飛行機
el barco
船
el coche de bomberos
消防車
el autobús
バス
el camión
トラック
la lancha a motor
モーターボート
la bicicleta
自転車
el coche
自動車

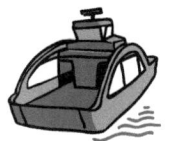

el transbordador

フェリー

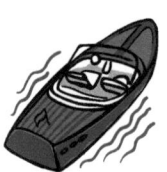

la barca

ボート

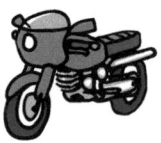

la moto

バイク

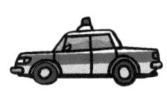

el coche de policía

パトカー

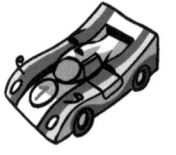

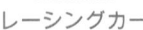

el coche de carreras

レーシングカー

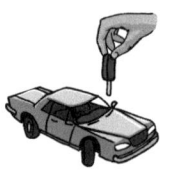

el coche de alquiler

レンタカー

el préstamo de vehículos

カーシェアリング

la grúa

レッカー車

el camión de la basura

ごみ収集車

el motor

モーター

la gasolina

燃料

la gasolinera

ガソリンスタンド

la señal de tráfico

交通標識

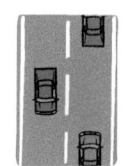

el tráfico

交通

el atasco

渋滞

el aparcamiento

駐車場

la estación de tren

駅

las vías

道

el tren

列車

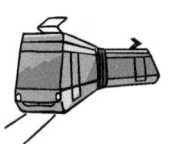

el tranvía

路面電車

el vagón

車両

el helicóptero

ヘリコプター

el aeropuerto

空港

la torre

タワー

el pasajero

乗客

el contenedor

コンテナ

la caja de cartón

段ボール箱

la carretilla

カート

la cesta

カゴ

despegar / aterrizar

離陸 / 着陸

la ciudad

都市

el pueblo

村

el centro de la ciudad

都心

la casa

家

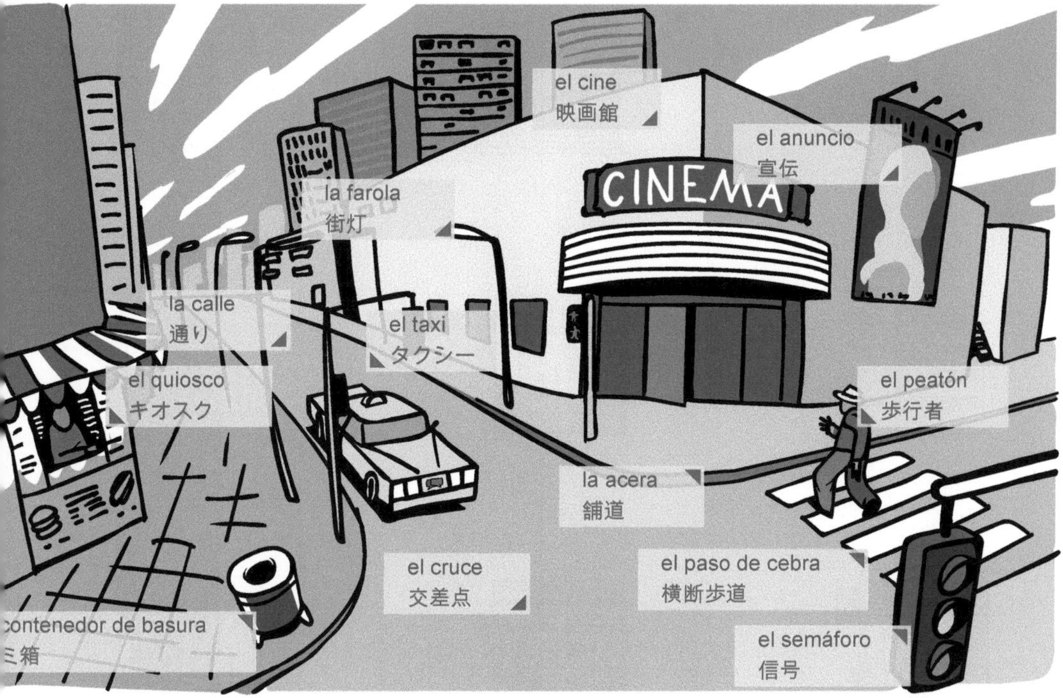

la cabaña
小屋

el apartamento
アパート

la estación de tren
駅

el ayuntamiento
市役所

el museo
美術館

la escuela
学校

la ciudad - 都市

la universidad
大学

el banco
銀行

el hospital
病院

el hotel
ホテル

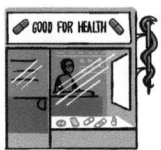

la farmacia
薬局

la oficina
オフィス

la librería
書店

la tienda de campaña
ショップ

la floristería
花屋

el supermercado
スーパーマーケット

el mercado
市場

los grandes almacenes
デパート

la pescadería
魚屋

el centro comercial
ショッピングセンター

el puerto
港

el parque

公園

el banco

ベンチ

el puente

橋

las escaleras

階段

el metro

地下鉄

el túnel

トンネル

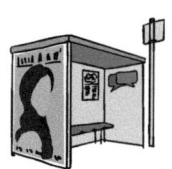

la parada de autobús

バス停

el bar

バー

el restaurante

レストラン

el buzón

ポスト

el poste indicador

道路標識

el parquímetro

パーキングメーター

el zoo

動物園

la piscina

スイミングプール

la mezquita

モスク

la granja

農場

la contaminación

汚染

el cementerio

墓地

la iglesia

教会

el patio de juego

遊び場

el templo

寺

el paisaje

風景

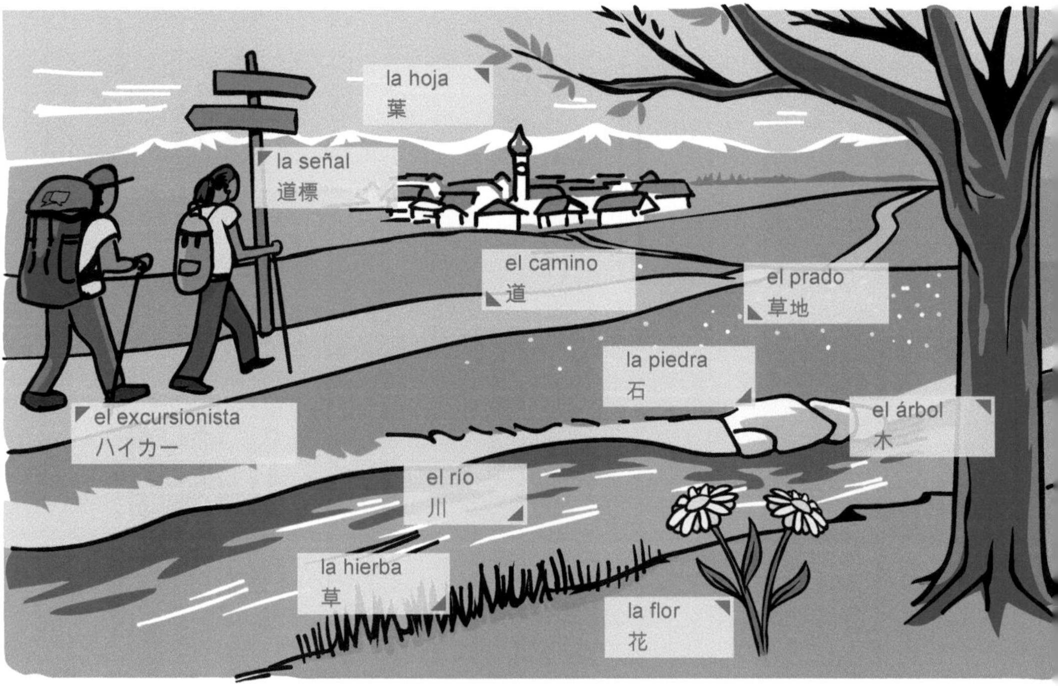

la hoja
葉

la señal
道標

el camino
道

el prado
草地

la piedra
石

el excursionista
ハイカー

el árbol
木

el río
川

la hierba
草

la flor
花

el valle

谷

la colina

山

el lago

湖

el bosque

森

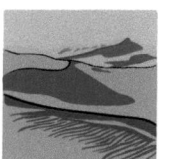

el desierto

砂漠

el volcán

火山

el castillo

城

el arcoíris

虹

el champiñón

キノコ

la palmera

ヤシの木

el mosquito

蚊

la mosca

ハエ

la hormiga

蟻

la abeja

ミツバチ

la araña

クモ

el escarabajo

カブトムシ

la rana

蛙

la ardilla

リス

el erizo

ハリネズミ

la liebre

ウサギ

la lechuza

フクロウ

el pájaro

鳥

el cisne

白鳥

el jabalí

雄豚

el ciervo

鹿

el alce

ヘラジカ

la presa

ダム

la turbina eólica

風力タービン

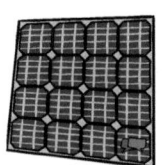

el panel solar

ソーラーパネル

el clima

気候

el restaurante
レストラン

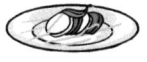

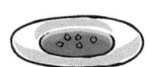

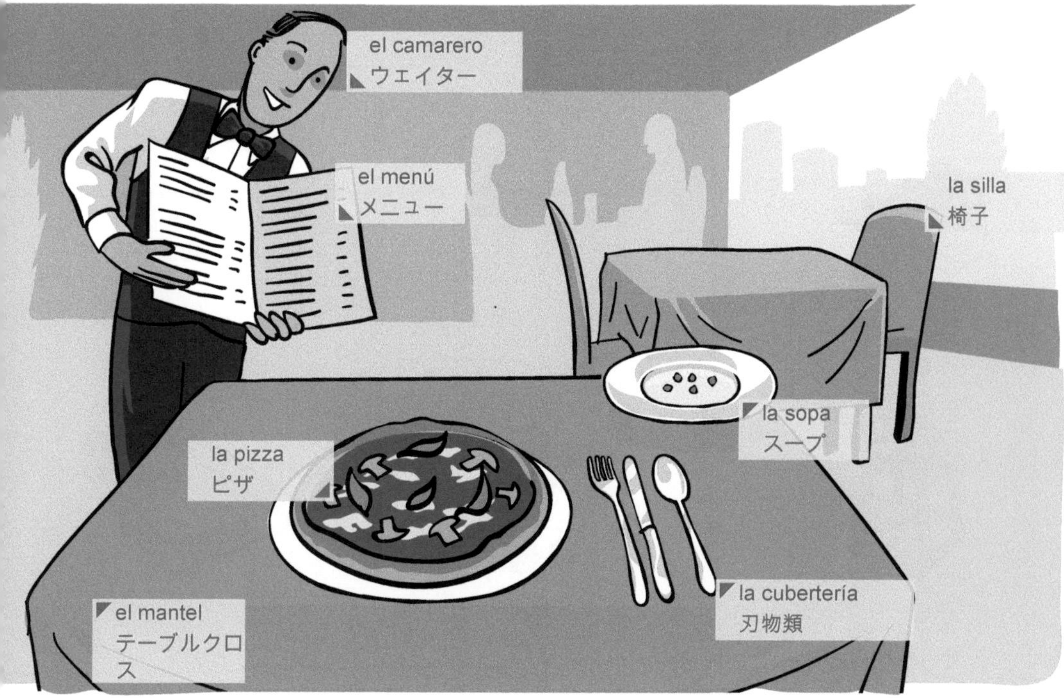

el camarero
ウェイター
el menú
メニュー
la silla
椅子
la sopa
スープ
la pizza
ピザ
la cubertería
刃物類
el mantel
テーブルクロス

el primer plato

前菜

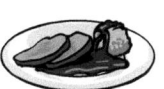

el plato principal

メインコース

el postre

デザート

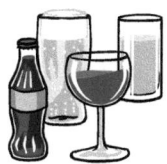

las bebidas

飲み物

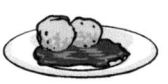

la comida

食べ物

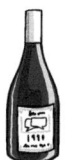

la botella

ボトル

la comida rápida

ファストフード

la comida callejera

屋台の食べ物

la tetera

ティーポット

el azucarero

砂糖入れ

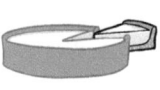

la porción

一人前

la cafetera expreso

エスプレッソマシン

la trona

幼児用食事椅子

la cuenta

請求書

la bandeja

トレー

el cuchillo

ナイフ

el tenedor

フォーク

la cuchara

スプーン

la cucharilla

ティースプーン

la servilleta

ナプキン

el vaso

グラス

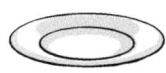

el plato

皿

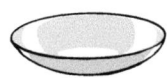

el plato hondo

スープ皿

el platillo

受け皿

la salsa

ソース

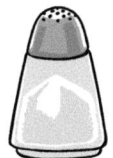

el salero

塩入れ

el molinillo de pimienta

ペッパーミル

el vinagre

酢

el aceite

油

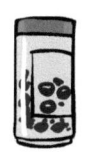

las especias

スパイス

el ketchup

ケチャップ

la mostaza

マスタード

la mayonesa

マヨネーズ

el supermercado
スーパーマーケット

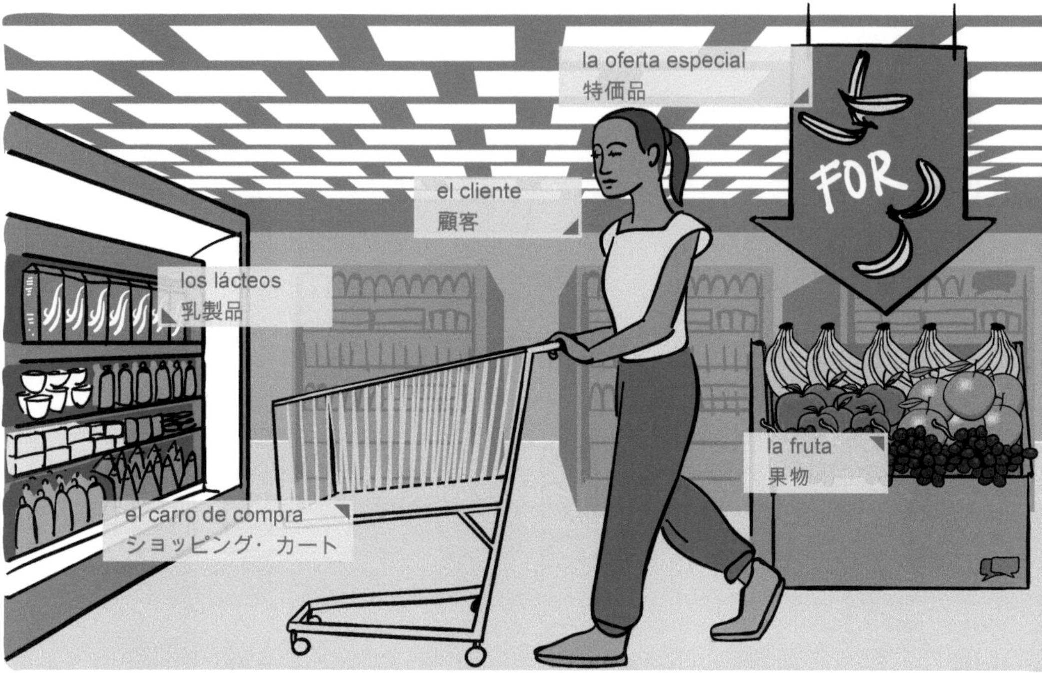

la oferta especial
特価品
el cliente
顧客
los lácteos
乳製品
la fruta
果物
el carro de compra
ショッピング・カート
FOR

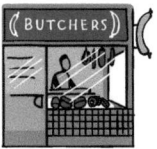

BUTCHERS

la carniceria

肉屋

BAKERY

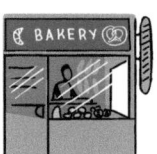

la panadería

パン屋

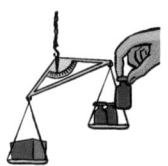

pesar

重さをはかる

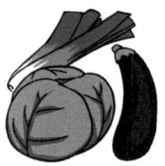

las verduras

野菜

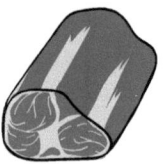

la carne

肉

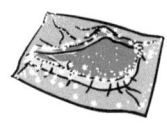

los alimentos congelados

冷凍食品

los fiambres

冷肉の薄切り

las conservas

缶詰食品

el detergente en polvo

洗剤

los dulces

菓子

productos de uso doméstico

家庭用品

productos de limpieza

清掃用品

la vendedora

販売員

la caja de cartón

現金箱

el cajero

レジ係

la lista de la compra

買い物リスト

el horario de atención al público

開館時刻

la cartera

財布

la tarjeta de crédito

クレジットカード

la bolsa de plástico

バッグ

la bolsa de plástico

ポリ袋

el supermercado - スーパーマーケット

el agua

水

el zumo

ジュース

la leche

牛乳

la cola

コーラ

el vino

ワイン

la cerveza

ビール

el alcohol

アルコール

el cacao

ココア

el té

紅茶

el café

コーヒー

el expreso

エスプレッソ

el capuchino

カプチーノ

el plátano

バナナ

la manzana

リンゴ

la naranja

オレンジ

el melón

メロン

el limón

レモン

la zanahoria

ニンジン

el ajo

ニンニク

el bambú

竹

la cebolla

玉ねぎ

el champiñón

キノコ

las avellanas

ナッツ

los fideos

ヌードル

las espagueti
....
スパゲッティ

el arroz
....
米

la ensalada
....
サラダ

las patatas fritas
....
フライドポテト

las patatas fritas
....
フライドポテト

la pizza
....
ピザ

la hamburguesa
....
ハンバーガー

el sándwich
....
サンドウィッチ

el filete
....
カツレツ

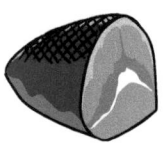

el jamón
....
ハム

le salami
....
サラミ

la salchicha
....
ソーセージ

el pollo
....
鶏肉

el asado
....
焼き

el pescado
....
魚

los copos de avena

麦のお粥

el muesli

ムーズリ

los copos de maíz

コーンフレーク

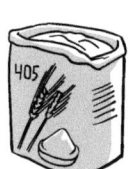

la harina

小麦粉

el cruasán

クロワッサン

el panecillo

ロールパン

el pan

パン

la tostada

トースト

las galletas

ビスケット

la mantequilla

バター

la cuajada

カッテージチーズ

el pastel

ケーキ

el huevo

卵

el huevo frito

目玉焼き

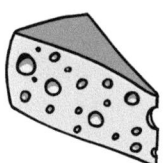

el queso

チーズ

el helado

アイスクリーム

el azúcar

砂糖

la miel

はちみつ

la mermelada

ジャム

la crema de turrón

ヌガークリーム

el curry

カレー

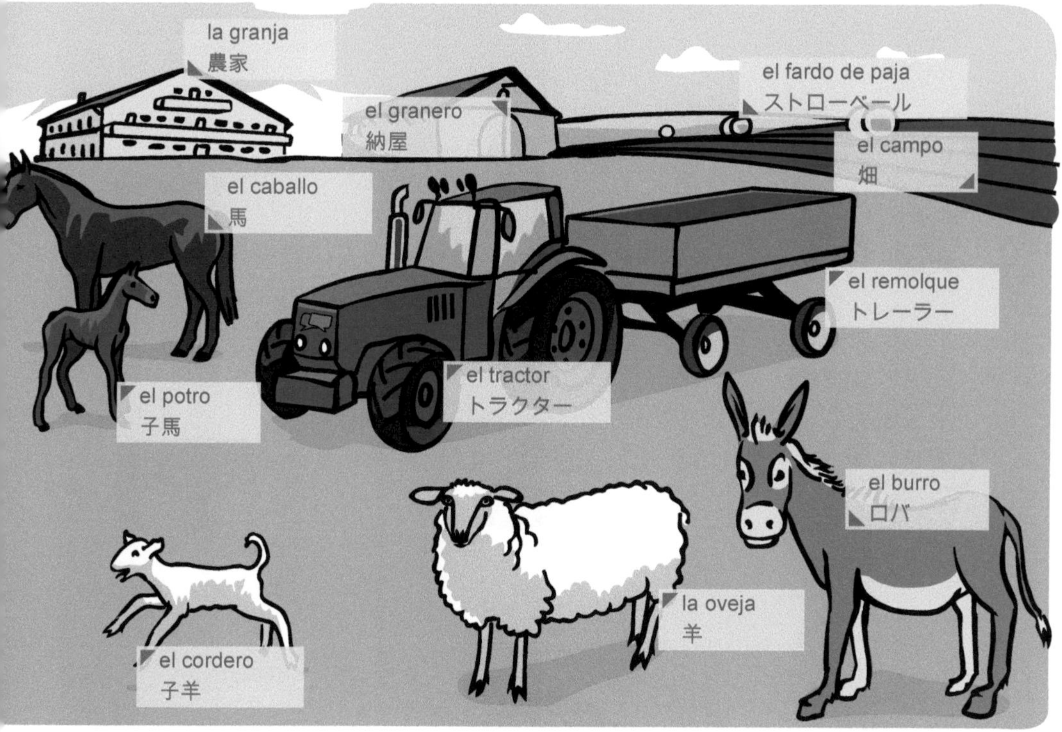

la granja
農家

el granero
納屋

el fardo de paja
ストローベール

el campo
畑

el caballo
馬

el remolque
トレーラー

el potro
子馬

el tractor
トラクター

el burro
ロバ

el cordero
子羊

la oveja
羊

la cabra
ヤギ

la vaca
雌牛

el ternero
子牛

el cerdo
豚

el cerdito
子豚

el toro
雄牛

el ganso
ガチョウ

el pato
アヒル

el pollo
ひよこ

la gallina
にわとり

el gallo
おんどり

la rata
ネズミ

el gato
猫

el ratón
ねずみ

el buey
雄牛

el perro
犬

la perrera
犬小屋

la manguera
散水ホース

la regadera
じょうろ

la guadaña
大鎌

el arado
すき

la hoz

草刈り鎌

la azada

くわ

la horca

堆肥用フォーク

el hacha

斧

la carretilla

手押し車

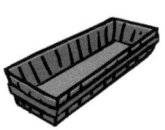

el abrevadero

かいばおけ

la lechera

牛乳缶

el saco

袋

la valla

フェンス

el establo

畜舎

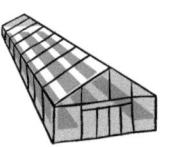

el invernadero

温室

el suelo

土壌

la semilla

種

el fertilizador

肥料

la cosechadora

コンバイン

cosechar

収穫する

la cosecha

収穫

el ñame

ヤマイモ

el trigo

小麦

el soja

大豆

la patata

じゃがいも

el maíz

トウモロコシ

la semilla de colza

菜種

el árbol frutal

果樹

la mandioca

キャッサバ

las cereales

穀物

la casa

家

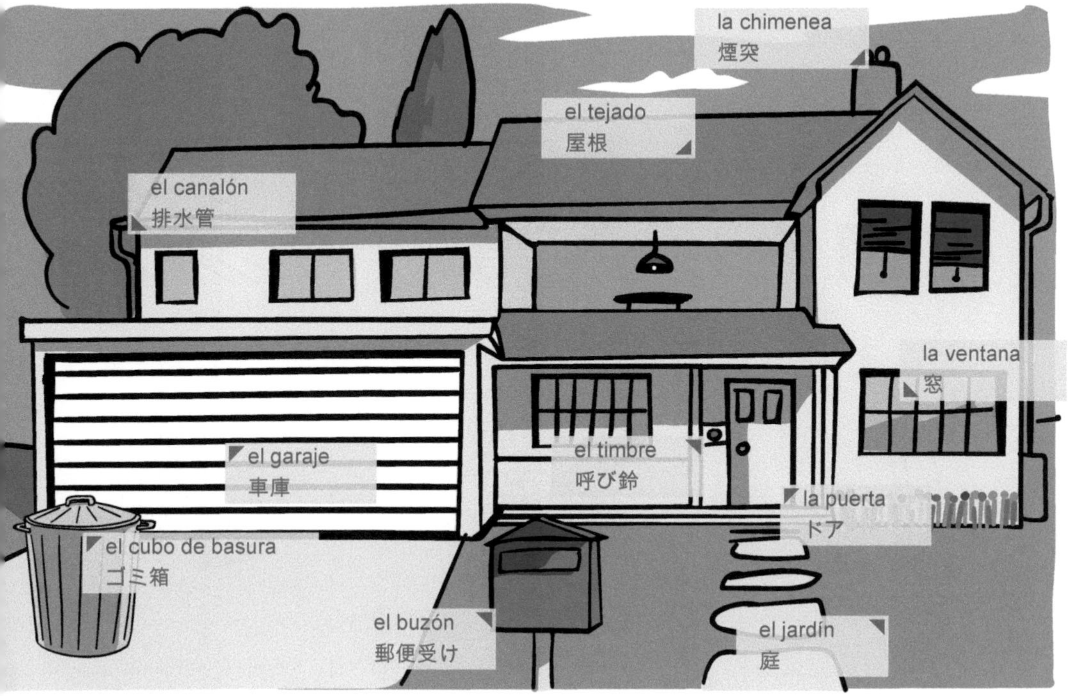

la chimenea
煙突
el tejado
屋根
el canalón
排水管
la ventana
窓
el garaje
車庫
el timbre
呼び鈴
la puerta
ドア
el cubo de basura
ゴミ箱
el buzón
郵便受け
el jardín
庭

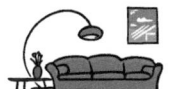

la sala
リビングルーム

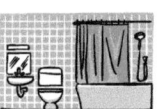

el cuarto de baño
浴室

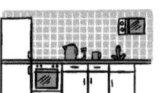

la cocina
台所

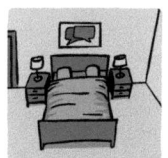

el dormitorio
寝室

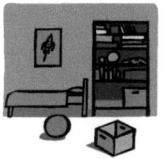

la habitación de los niños
子供部屋

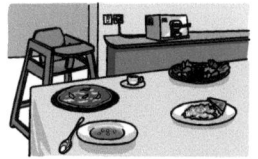

el comedor
ダイニング・ルーム

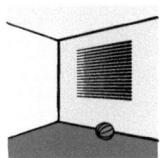
el suelo
床

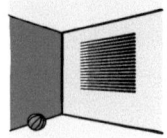
la pared
壁

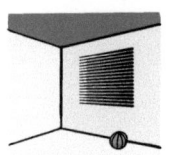
el techo
天井

el sótano
地下貯蔵庫

la sauna
サウナ

el balcón
バルコニー

la terraza
テラス

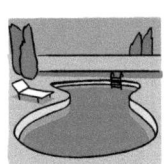
la piscina
プール

el cortacésped
芝刈り機

la sábana
シーツ

la colcha
ベッドカバー

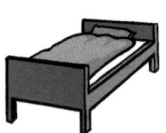
la cama
ベッド

la escoba
ほうき

el balde
バケツ

el interruptor
スイッチ

la sala
リビングルーム

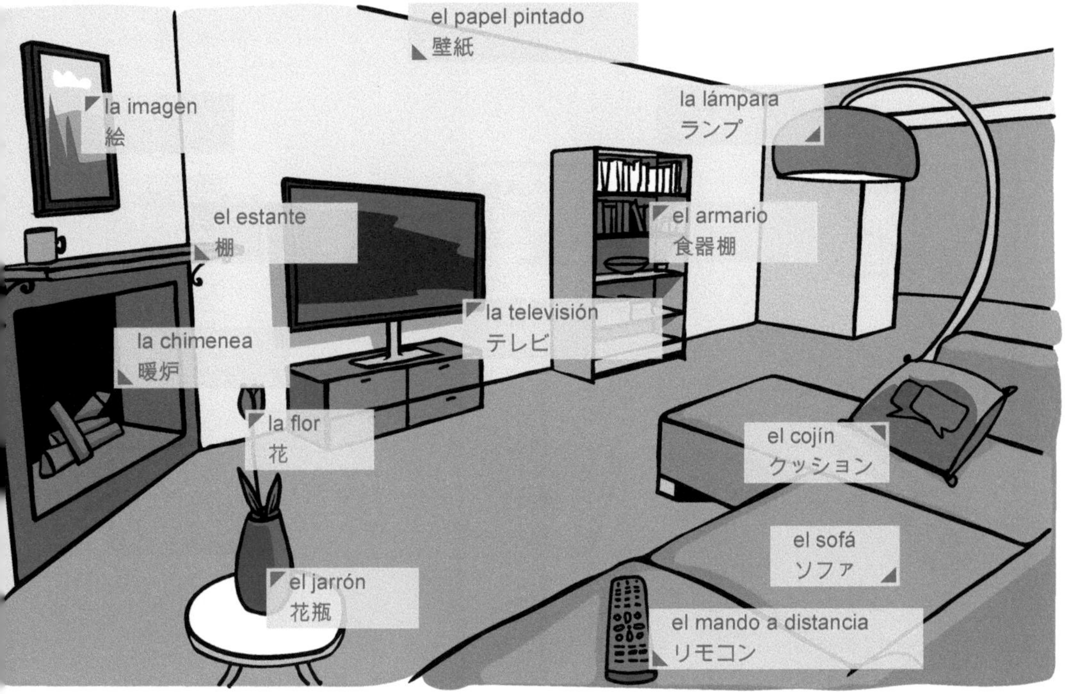
el papel pintado
壁紙
la imagen
絵
la lámpara
ランプ
el estante
棚
el armario
食器棚
la televisión
テレビ
la chimenea
暖炉
la flor
花
el cojín
クッション
el sofá
ソファ
el jarrón
花瓶
el mando a distancia
リモコン

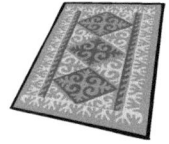

la alfombra
カーペット

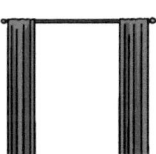

la cortina
カーテン

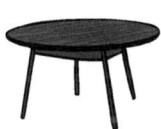

la mesa
テーブル

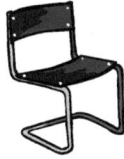

la silla
椅子

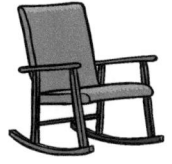

el mecedora
ロッキングチェア

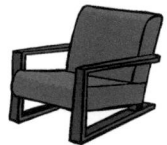

la butaca
ひじ掛け椅子

el libro
本

la manta
毛布

la decoración
飾り

la leña
たきぎ

la película
映画

el equipo de música
ステレオ

la llave
鍵

el periódico
新聞

la pintura
絵画

el póster
ポスター

la radio
ラジオ

el cuaderno
メモ帳

la aspiradora
掃除機

el cactus
サボテン

la vela
ろうそく

la cocina
台所

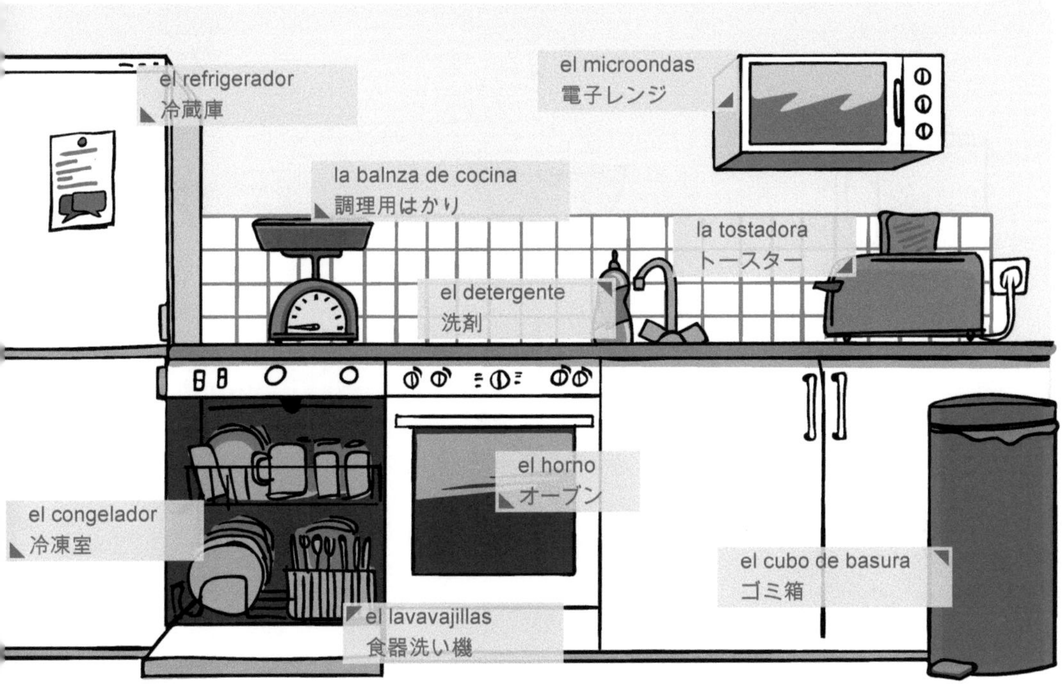
el refrigerador
冷蔵庫
el microondas
電子レンジ
la balnza de cocina
調理用はかり
la tostadora
トースター
el detergente
洗剤
el horno
オーブン
el congelador
冷凍室
el cubo de basura
ゴミ箱
el lavavajillas
食器洗い機

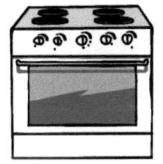

la olla a presión

こんろ

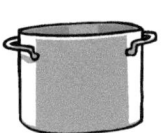

la olla

鍋

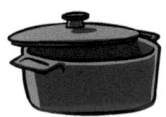

la olla de hierro fundido

鉄鍋

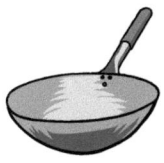

el wok

中華鍋/ カダイ鍋

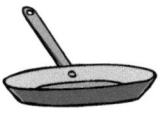

la cazuela

フライパン

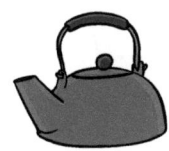

el hervidor

やかん

la vaporera
蒸し器

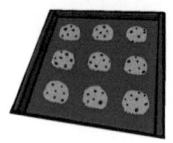

la chapa de horno
天板

la vajilla
食器

la taza
マグカップ

el tazón
ボウル

los palillos
箸

el cucharón
おたま

la espumadera
へら

el batidor
泡立て器

el colador
こし器

el cedazo
ふるい

el rallador
すりおろし器

el mortero
すり鉢

la barbacoa
バーベキュー

la hoguera
かまど

la tabla de picar

まな板

el rodillo

麺棒

el sacacorchos

栓抜き

la lata

缶

el abrelatas

缶切り

el agarrador

鍋つかみ

el lavabo

流し

el cepillo

ブラシ

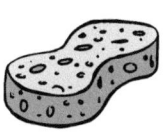

la esponja

スポンジ

la batidora

ミキサー

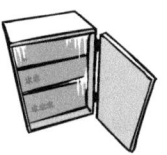

el congelador

冷凍庫

el biberón

哺乳瓶

el grifo

蛇口

el cuarto de baño
浴室

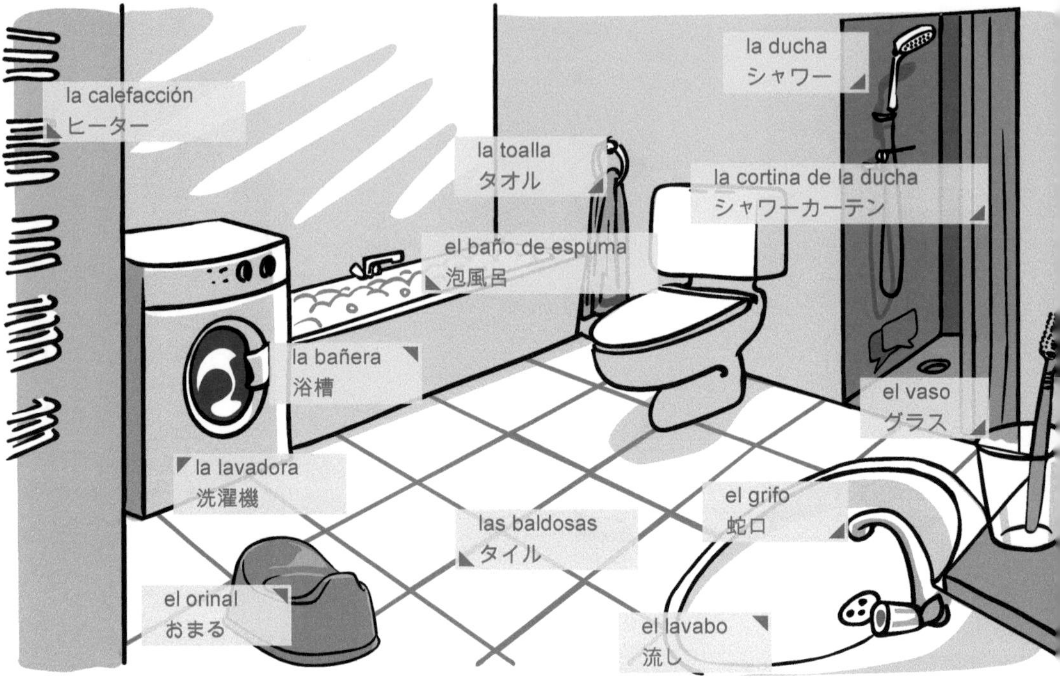

la calefacción
ヒーター
la toalla
タオル
la ducha
シャワー
la cortina de la ducha
シャワーカーテン
el baño de espuma
泡風呂
la bañera
浴槽
la lavadora
洗濯機
las baldosas
タイル
el grifo
蛇口
el vaso
グラス
el orinal
おまる
el lavabo
流し

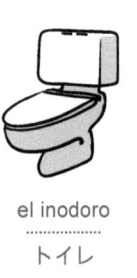

el inodoro
トイレ

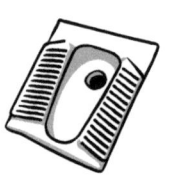

el inodoro rústico
和式トイレ

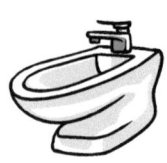

el bidé
ビデ

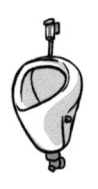

el urinario
小便器

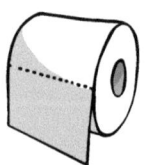

el papel higiénico
トイレットペーパー

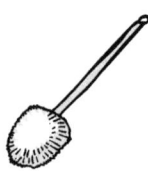

la escobilla del váter
トイレブラシ

el cepillo de dientes

歯ブラシ

la pasta de dientes

歯みがき

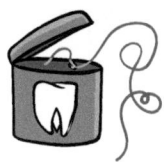

el hilo dental

デンタルフロス

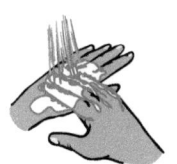

lavar

洗う

la ducha de mano

シャワーヘッド

la ducha íntima

ハンドビデ

la pila

洗面台

el cepillo de espalda

ボディブラシ

el jabón

石鹸

el gel de ducha

シャワー用ジェル

el champú

シャンプー

la toallita

浴用タオル

el desagüe

排水口

la crema

クリーム

el desodorante

消臭

el espejo

鏡

el espejo de tocador

手鏡

la maquinilla de afeitar

かみそり

la espuma de afeitar

シェービング・フォーム

la loción postafeitado

アフターシェーブローション

el peine

櫛

el cepillo

ブラシ

el secador

ドライヤー

la laca

ヘアスプレー

el maquillaje

化粧

el pintalabios

口紅

el pintauñas

マニキュア

el algodón

脱脂綿

el cortauñas

爪切り

el perfume

香水

el estuche de viaje

洗面用具入れ

la banqueta

スツール

la balanza

体重計

el albornoz

バスローブ

los guantes de goma

ゴム手袋

el tampón

タンポン

la compresa

生理用ナプキン

el inodoro químico

ケミカルトイレ

la habitación de los niños

子供部屋

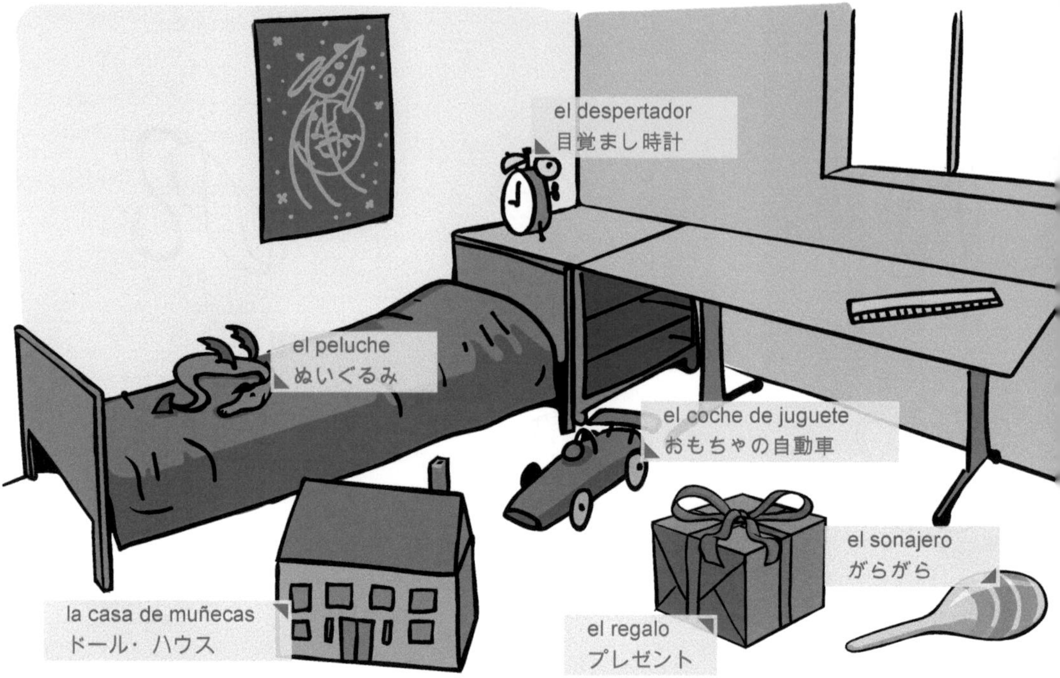

el despertador
目覚まし時計
el peluche
ぬいぐるみ
el coche de juguete
おもちゃの自動車
el sonajero
がらがら
la casa de muñecas
ドール・ハウス
el regalo
プレゼント

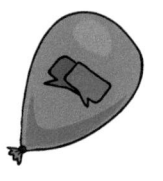

el globo

風船

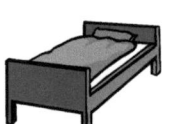

la cama

ベッド

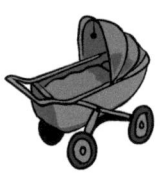

el coche de niño

ベビーカー

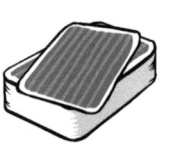

los naipes

カードゲーム

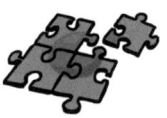

el puzle

ジグソーパズル

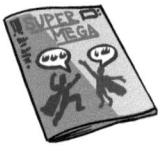

el tebeo

漫画

las piezas de lego
レゴ

los bloques de juguete
玩具ブロック

la figura de acción
アクションフィギュア

el bodi (de bebé)
ロンパース

el frisbee
フリスビー

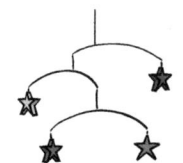

el colgador móvil para
bebés
モバイル

el juego de mesa
ボードゲーム

los dados
さいころ

el circuito de tren eléctrico
鉄道模型

el maniquí
おしゃぶり

la fiesta
パーティー

el álbum de fotos
絵本

la pelota
ボール

la muñeca
人形

jugar
遊ぶ

el cajón de arena

砂場

el columpio

ブランコ

los juguetes

おもちゃ

la videoconsola

ゲーム機

el triciclo

三輪車

el oso de peluche

テディベア

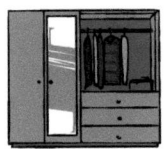

la guardarropa

衣装ダンス

la ropa

衣服

los calcetines

靴下

las medias

ストッキング

los leotardos

タイツ

la bufanda
スカーフ

el cinturón
ベルト

el paraguas
雨傘

la camiseta
Tシャツ

las deportivas
スニーカー

las botas
ブーツ

las zapatillas
スリッパ

las sandalias
サンダル

los zapatos
靴

las botas de goma
ゴム長靴

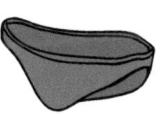
el slip
パンツ

el sostén
ブラ

el chaleco
ベスト

el bodi

ボディースーツ

los pantalones cortos

ズボン

los vaqueros

ジーンズ

la falda

スカート

la blusa

ブラウス

la camisa

シャツ

el jersey

セーター

el suéter

パーカー

el blazer

ブレザー

la chaqueta

ジャケット

el abrigo

コート

la gabardina

レインコート

el traje

服装

el vestido

ドレス

el vestido de novia

ウェディングドレス

el traje
スーツ

el camisón
ナイトガウン

el pijama
パジャマ

el sati
サリー

el bandana
ヘッドスカーフ

el turbante
ターバン

la burka
ブルカ

el caftán
カフタン

la abaya
アバヤ

el traje de baño
水着

el bañador
トランクス

los pantalones cortos
半ズボン

el chándal
スウェットスーツ

el delantal
エプロン

los guantes
手袋

el botón

ボタン

las gafas

メガネ

el brazalete

ブレスレット

el collar

ネックレス

el anillo

指輪

el pendiente

イヤリング

la gorra

帽子

la percha

ハンガー

el sombrero

帽子

la corbata

ネクタイ

la cremallera

ファスナー

el casco

ヘルメット

los tirantes

サスペンダー

el uniforme

制服

el uniforme

ユニフォーム

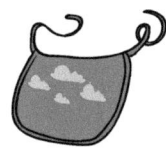

el babero

よだれかけ

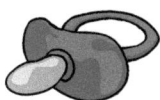

el maniquí

おしゃぶり

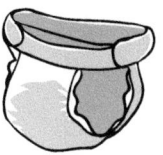

el pañal

おむつ

la oficina

オフィス

el servidor
サーバ
el archivo
書類キャビネット
la impresora
プリンター
el papel
紙
el monitor
モニター
el ratón
マウス
el escritoria
事務机
la carpeta
フォルダー
el teclado
キーボード
la papelera
ごみ箱
el ordenador
コンピューター
la silla
椅子

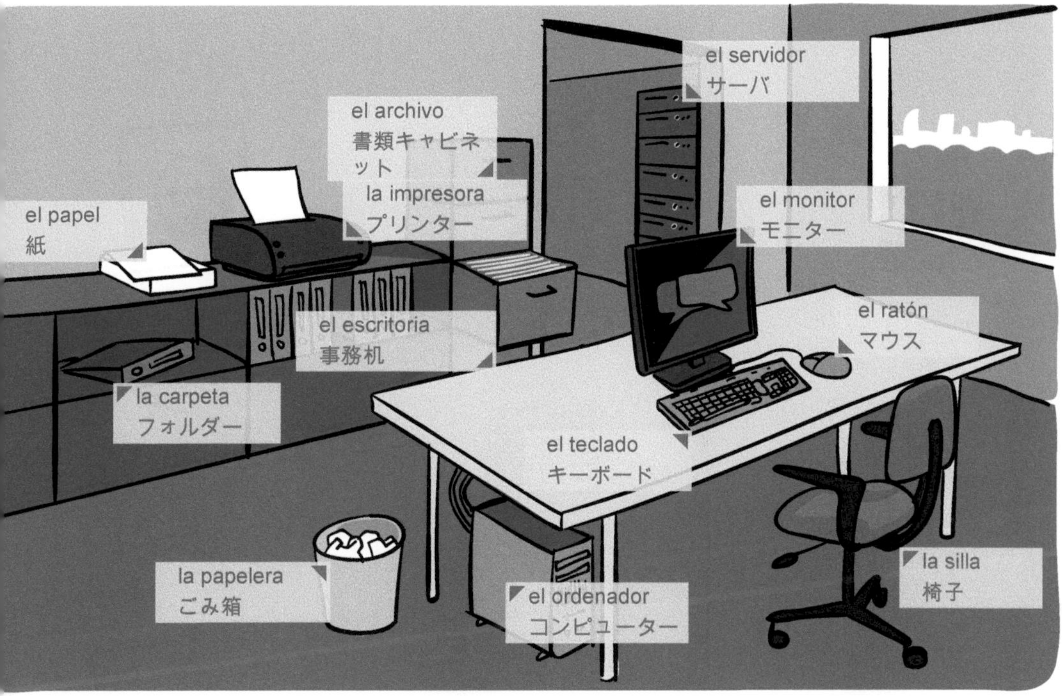

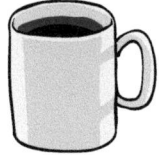

la taza de café

コーヒーマグ

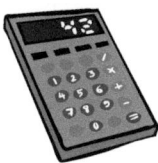

la calculadora

計算機

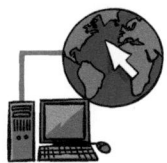

el internet

インターネット

el portátil

ラップトップ

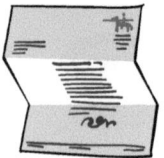

la carta

手紙

el mensaje

メッセージ

el móvil

携帯電話

la red

ネットワーク

la fotocopiadora

コピー機

el software

ソフトウェア

el teléfono

電話

la toma de corriente

コンセント

el fax

ファックス

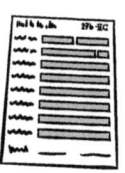

el formulario

フォーム

el documento

書類

comprar

買う

pagar

支払う

comerciar

取引する

el dinero

お金

el dólar

ドル

el euro

ユーロ

el yen

円

el rublo

ルーブル

el franco suizo

スイスフラン

el renminbi yuan

人民元

la rupia

ルピー

el cajero automático

キャッシュポイント

la oficina de cambio de
divisas
両替所

el oro
金

la plata
銀

el petróleo
油

la energía
エネルギー

el precio
価格

el contrato
契約

el impuesto
税金

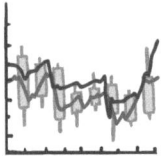

la acción
株

trabajar
働く

el empleador
従業員

el empleador
雇用主

la fábrica
工場

la tienda de campaña
ショップ

los oficios
職業

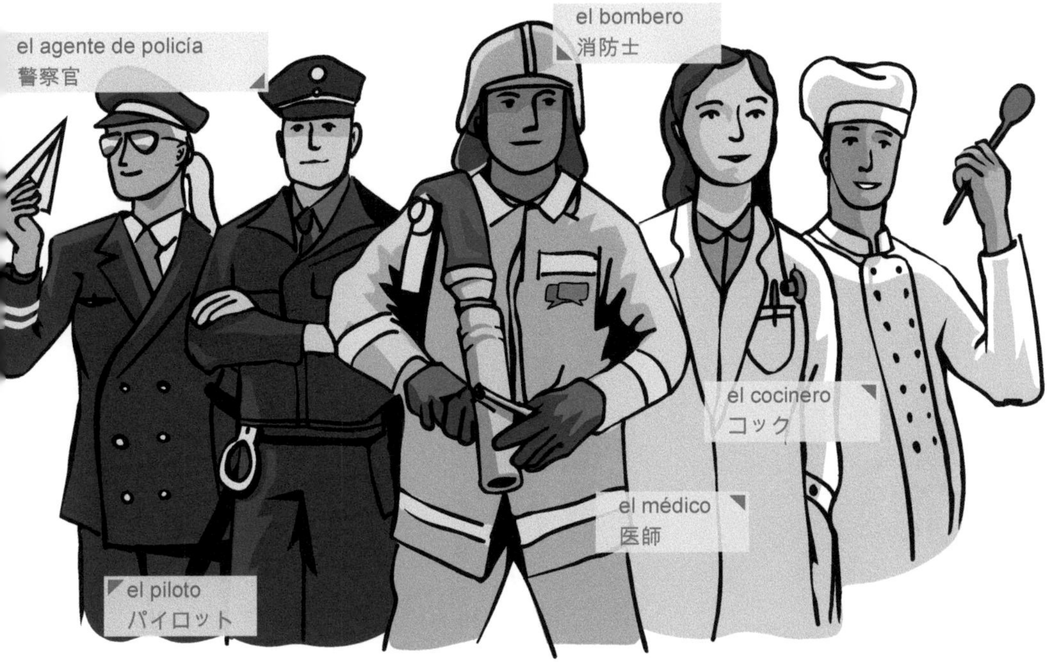
el agente de policía
警察官
el bombero
消防士
el cocinero
コック
el médico
医師
el piloto
パイロット

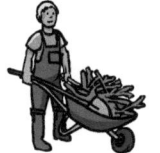

el jardinero
庭師

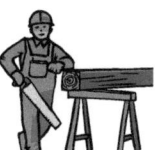

el carpintero
大工

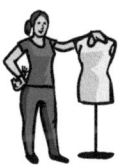

la costurera
お針子

el juez
裁判官

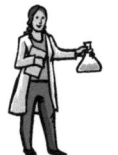

el farmacéutico
化学者

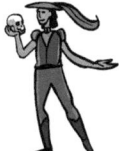

el actor
俳優

el conductor de autobús

バスの運転手

el taxista

タクシー運転手

el pescador

漁師

la señora de la limpieza

掃除婦

el techador

屋根ふき職人

el camarero

ウェイター

el cazador

ハンター

el pintor

塗装工

el panadero

パン屋

el electricista

電気工

el obrero

建設作業員

el ingeniero

エンジニア

el carnicero

肉屋

el fontanero

配管工

el cartero

郵便配達人

el soldado

軍人

el arquitecto

建築家

el cajero

レジ係

el florista

花屋

el peluquero

美容師

el revisor

車掌

el mecánico

機械工

el capitán

キャプテン

el dentista

歯科医

el científico

科学者

el rabino

ラビ

el imán

イスラム導師

el monje

修道士

el sacerdote

牧師

las herramientas
道具

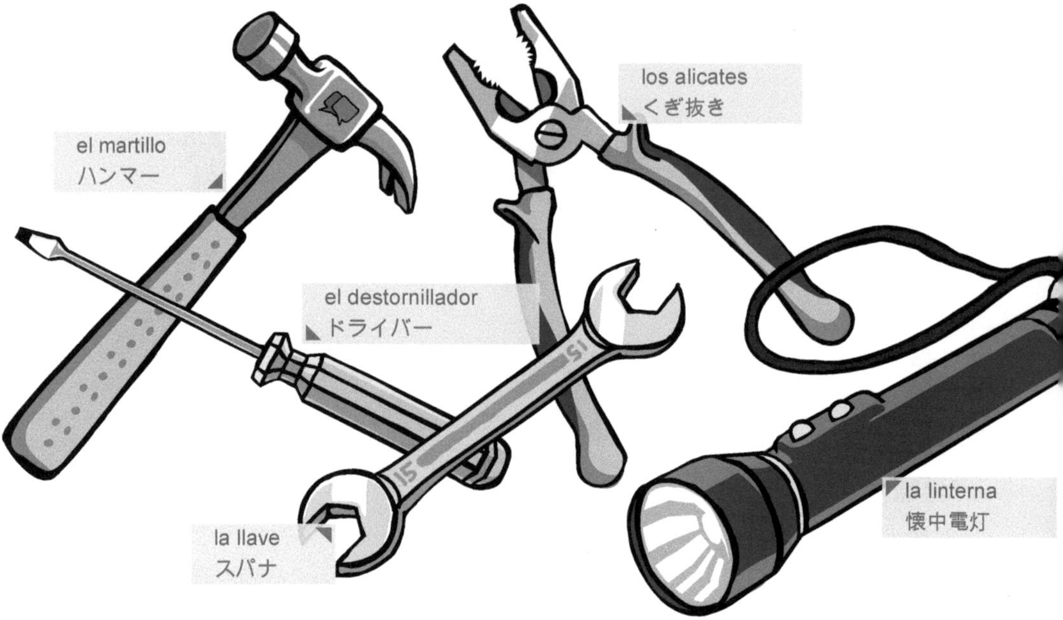

los alicates
くぎ抜き
el martillo
ハンマー
el destornillador
ドライバー
la linterna
懐中電灯
la llave
スパナ

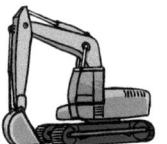

la excavadora

掘削機

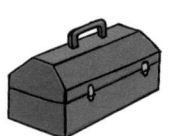

la caja de herramientas

道具箱

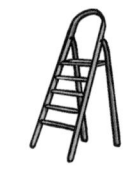

la escalera de mano

はしご

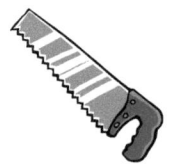

la sierra

のこぎり

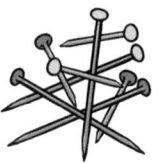

los clavos

釘

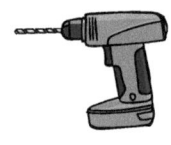

el taladro

ドリル

reparar
修理する

la pala
シャベル

¡Maldita sea!
クソ！

el recogedor
ちりとり

el bote de pintura
ペンキ缶

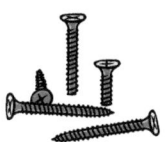

los tornillos
ネジ

los instrumentos musicales
楽器

la batería
打楽器

el altavoz
スピーカー

la guitarra
ギター

el contrabajo
コントラバス

la trompeta
トランペット

el piano

ピアノ

el violín

バイオリン

bajo

バス

los timbales

ティンパニ

el tambor

ドラム

el teclado

キーボード

el saxofón

サックス

la flauta

フルート

el micrófono

マイクロフォン

el zoo
動物園

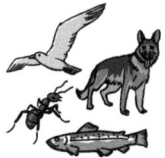

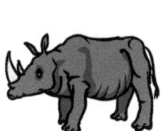

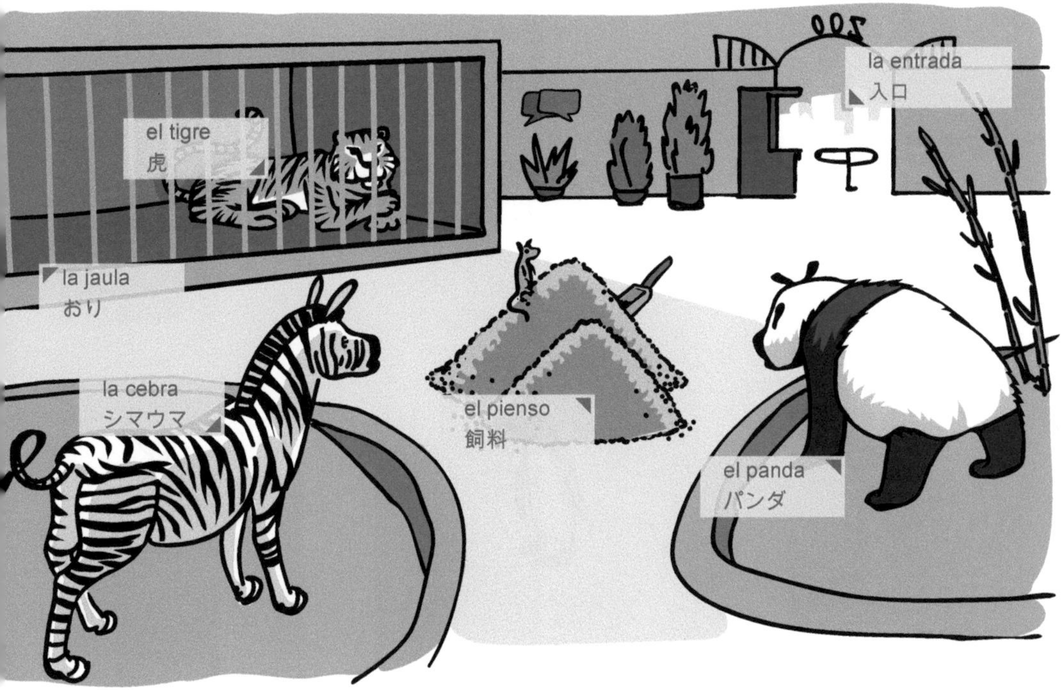
la entrada
入口
el tigre
虎
la jaula
おり
la cebra
シマウマ
el pienso
飼料
el panda
パンダ

los animales
動物

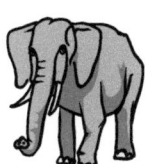

el elefante
象

el canguro
カンガルー

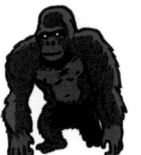

el rinoceronte
サイ

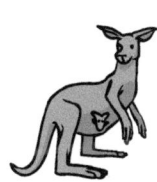

el gorila
ゴリラ

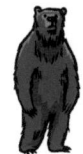

el oso
熊

el camello

ラクダ

el avestruz

ダチョウ

el león

ライオン

el mono

猿

el flamingo

フラミンゴ

el loro

オウム

el oso polar

白クマ

el pingüino

ペンギン

el tiburón

サメ

el pavo real

クジャク

la serpiente

蛇

el cocodrilo

ワニ

el guardián de zoológico

飼育係

la foca

アザラシ

el jaguar

ジャガー

el poni

ポニー

el leopardo

ヒョウ

el hipopótamo

カバ

la jirafa

キリン

el águila

鷲

el jabalí

雄豚

el pescado

魚

la tortuga

亀

la morsa

セイウチ

el zorro

狐

la gacela

ガゼル

el fútbol americano
アメフト

el ciclismo
サイクリング

el tenis
テニス

el baloncesto
バスケットボール

la natación
水泳

el boxeo
ボクシング

el hockey sobre hielo
アイスホッケー

el fútbol
サッカー

el bádminton
バドミントン

el atletismo
陸上競技

el balonmano
ハンドボール

el esquí
スキー

el polo
ポロ

saltar
跳ぶ

reír
笑う

abrazar
抱きしめる

caminar
歩く

cantar
歌う

soñar
夢見る

rezar
祈る

besar
キス

escribir
書く

dibujar
描く

mostrar
示す

empujar
押す

dar
与える

tomar
取る

tener
持っている

hacer
する

ser
ある

estar de pie
立つ

correr
走る

tirar
引く

tirar
投げる

caer
落ちる

yacer
横たわっている

esperar
待つ

llevar
運ぶ

estar sentado
座る

vestirse
着る

dormir
眠る

despertar
目が覚める

mirar
見る

llorar
泣く

acariciar
なでる

peinar
櫛ですく

hablar
話す

entender
理解する

preguntar
質問する

escuchar
聞く

beber
飲む

comer
食べる

ordenar
片づける

amar
愛する

cocinar
料理する

conducir
運転する

volar
飛ぶ

las actividades - 活動

navegar

ヨットに乗る

calcular

計算する

leer

読む

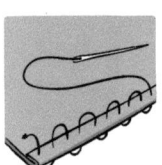

aprender

学ぶ

trabajar

働く

casarse

結婚する

coser

縫う

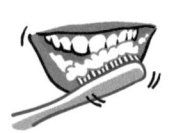

cepillarse los dientes

歯を磨く

matar

殺す

fumar

喫煙する

enviar

送る

la familia
家族

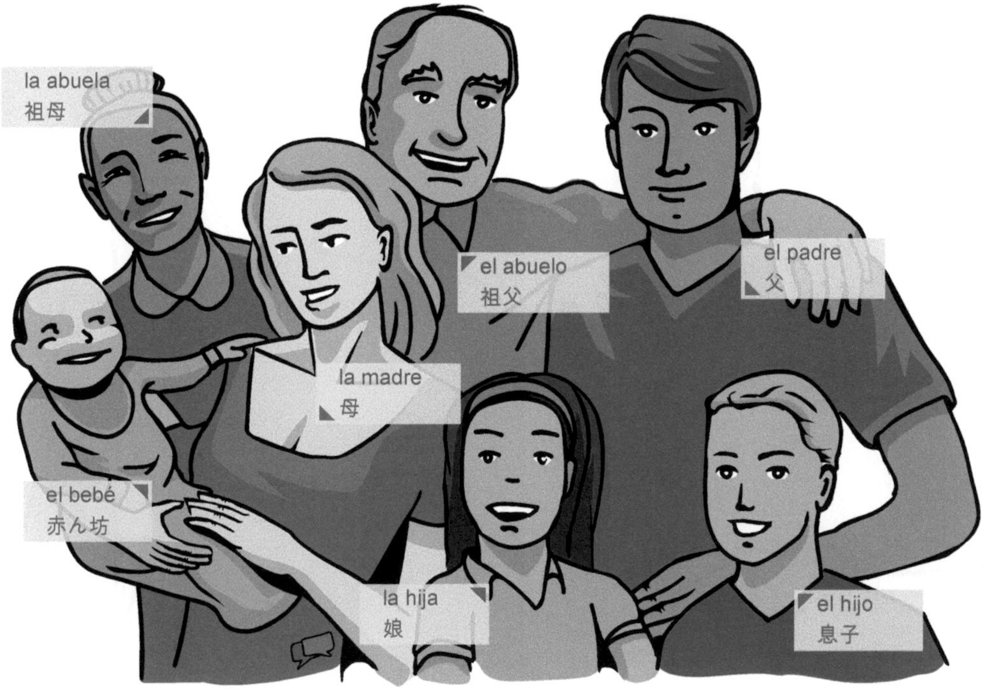
la abuela
祖母
el abuelo
祖父
el padre
父
la madre
母
el bebé
赤ん坊
la hija
娘
el hijo
息子

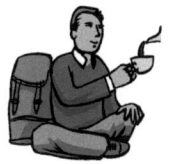

el invitado

お客様

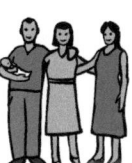

la tía

おば

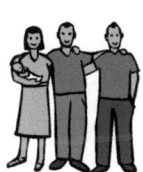

el tío

おじ

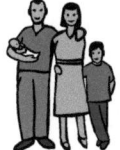

el hermano

兄弟

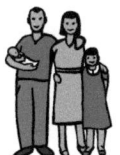

la hermana

姉妹

el cuerpo

体

la frente
ひたい
el ojo
目
el hombro
肩
el dedo
指
la cara
顔
la barbilla
あご
la mano
手
la pierna
脚
el pecho
胸
el brazo
腕

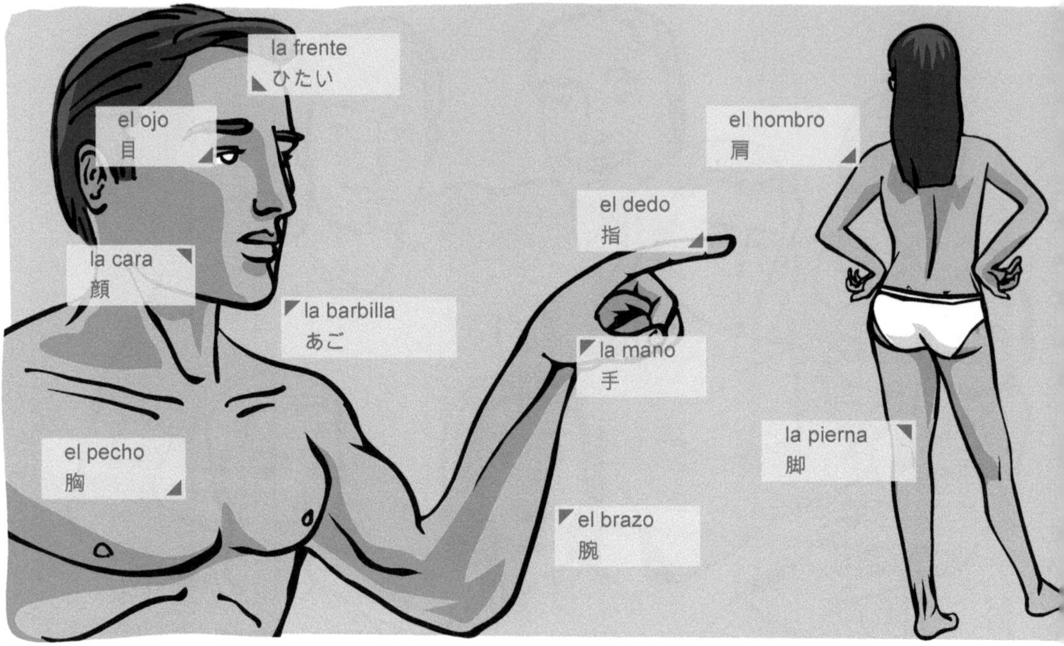

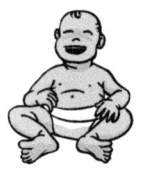

el bebé

赤ん坊

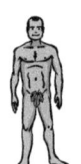

el hombre

男性

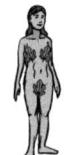

la mujer

女性

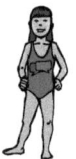

la chica

少女

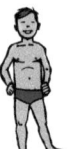

el chico

少年

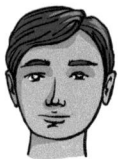

la cabeza

頭

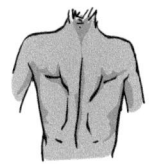

la espalda

背中

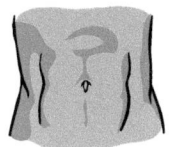

el vientre

腹

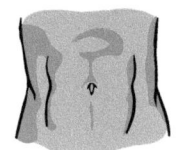

el ombligo

へそ

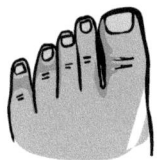

el dedo del pie

足指

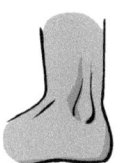

el talón

かかと

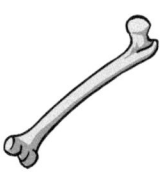

el hueso

骨

la cadera

腰

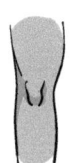

la rodilla

ひざ

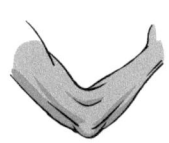

el codo

ひじ

la nariz

鼻

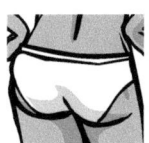

el trasero

尻

la piel

皮膚

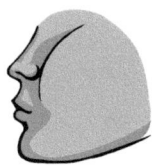

la mejilla

頬

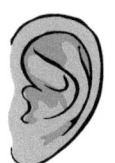

el oído

耳

el labio

唇

el cuerpo - 体

la boca

口

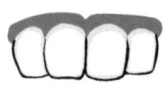

el diente

歯

la lengua

舌

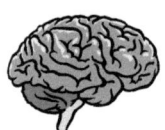

el cerebro

脳

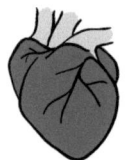

el corazón

心臓

el músculo

筋肉

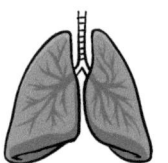

el pulmón

肺

el hígado

肝臓

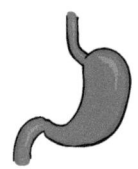

el estómago

胃

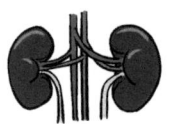

los riñones

腎臓

el sexo

セックス

el condón

コンドーム

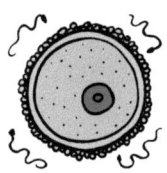

el ovario

卵細胞

el semen

精液

el embarazo

妊娠

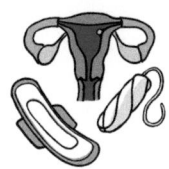

la menstruación
....
月経

la vagina
....
膣

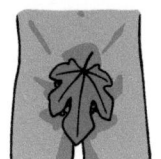

el pene
....
ペニス

la ceja
....
眉

el pelo
....
髪

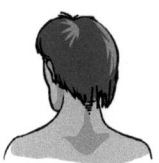

el cuello
....
首

el hospital
病院

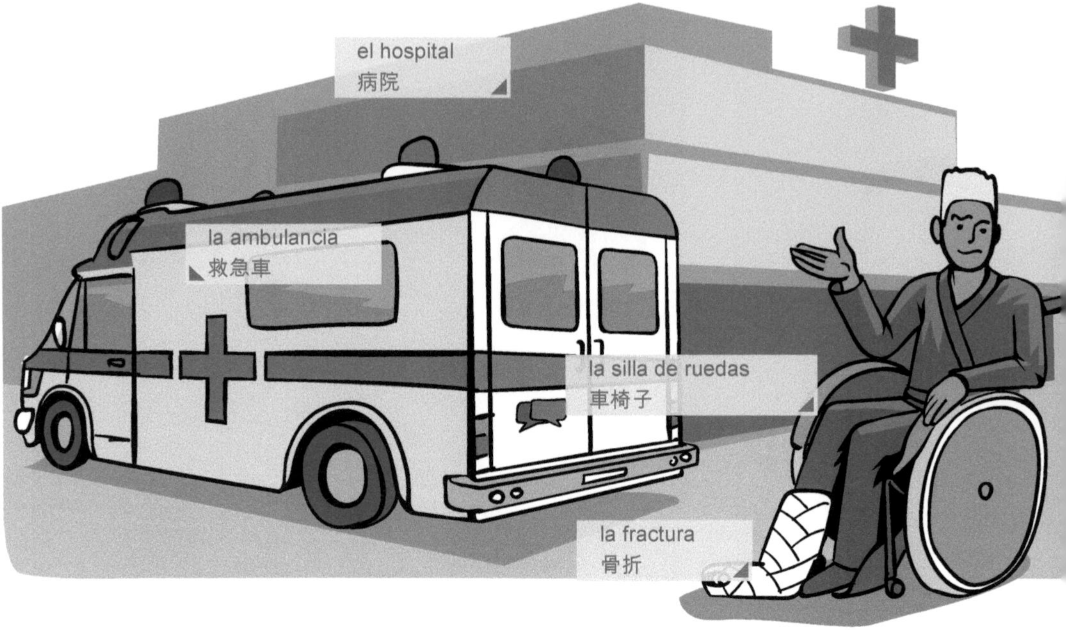

el hospital
病院
la ambulancia
救急車
la silla de ruedas
車椅子
la fractura
骨折

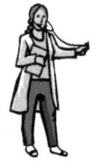

el médico
医師

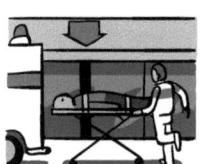

la sala de urgencias
救急治療室

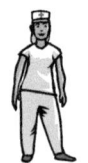

la enfermera
看護師

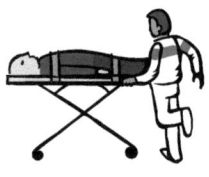

la urgencia
救急

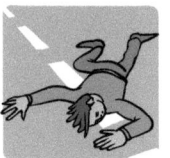

inconsciente
失神

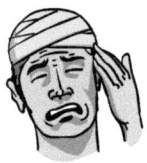

el dolor
痛み

la lesión
けが

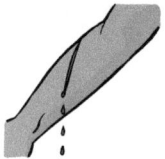

la hemorragia
出血

el infarto
心臓発作

el ictus
脳卒中

la alergia
アレルギー

la tos
咳

la fiebre
熱

la gripe
インフルエンザ

la diarrea
下痢

el dolor de cabeza
頭痛

el cáncer
癌

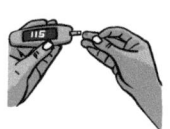

la diabetes
糖尿病

el cirujano
外科医

el bisturí
外科用メス

la operación
手術

TAC

CT

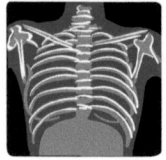

los rayos x

レントゲン

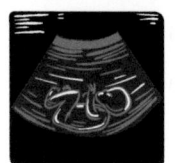

el ultrasonido

超音波

la mascarilla

マスク

la enfermedad

病気

la sala de espera

待合室

la muleta

松葉づえ

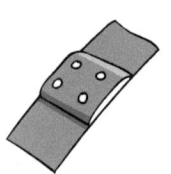

la tirita

ばんそうこう

la venda

包帯

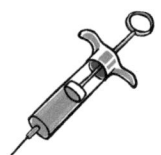

la inyección

注射

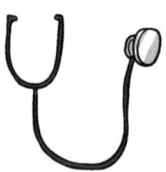

el estetoscopio

聴診器

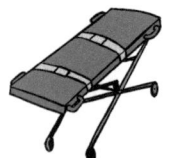

la camilla

担架

el termómetro

体温計

el nacimiento

出産

el sobrepeso

肥満

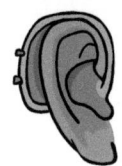

el audífono
....
補聴器

el desinfectante
....
消毒剤

la infección
....
感染

el virus
....
ウィルス

VIH / SIDA
....
HIV / エイズ

la medicina
....
内服薬

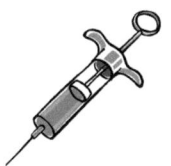

la vacunación
....
予防接種

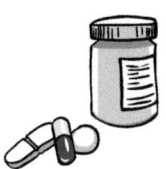

las tabletas
....
錠剤

la pastilla
....
ピル

la llamada de urgencia
....
緊急電話

el tensiómetro
....
血圧計

enfermo / sano
....
病気の ／ 健康な

¡Socorro!

助けて！

la alarma

アラーム

el asalto

暴行

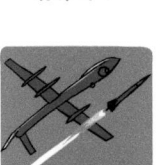

el ataque

攻撃

el peligro

危険

la salida de emergencia

非常口

¡Fuego!

火事だ！

el extintor de incendios

消火器

el accidente

事故

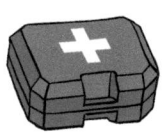

el botiquín de primeros
auxilios

救急箱

SOS

SOS

la policía

警察

Europa

ヨーロッパ

Norteamérica

北米

Sudamérica

南米

África

アフリカ

Asia

アジア

Australia

オーストラリア

el atlántico

大西洋

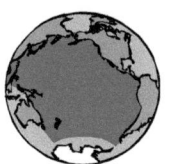

el Pacífico

太平洋

el Océano Índico

インド洋

el Océano Antártico

南極海

el Océano Ártico

北極海

el polo norte

北極

el polo sur
....
南極

La Antártida
....
南極大陸

la tierra
....
地球

la tierra
....
陸

el mar
....
海

la isla
....
島

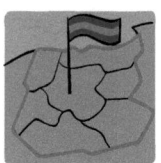

la nación
....
国家

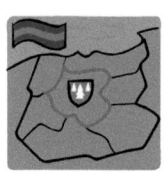

el estado
....
国家

la esfera

文字盤

la manecilla de las horas

短針

el minutero

長針

el segundero

秒針

¿Qué hora es?

何時ですか？

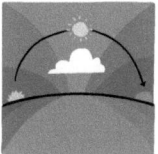

el día

日

el tiempo

時間

ahora

現在

el reloj digital

デジタル時計

el minuto

分

la hora

時間

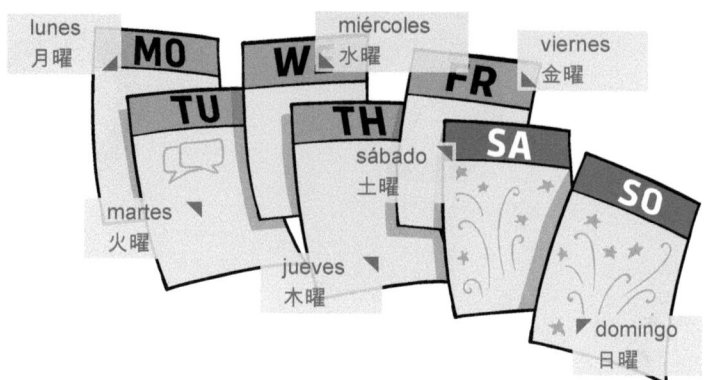

lunes
月曜

miércoles
水曜

viernes
金曜

martes
火曜

jueves
木曜

sábado
土曜

domingo
日曜

ayer

昨日

hoy

今日

mañana

明日

la mañana

朝

el mediodía

昼

la tarde

夜

MO	TU	WE	TH	FR	SA	SU
1	2	3	4	5	6	7
8	9	10	11	12	13	14
15	16	17	18	19	20	21
22	23	24	25	26	27	28
29	30	31	1	2	3	4

los días laborables

営業日

MO	TU	WE	TH	FR	SA	SU
1	2	3	4	5	6	7
8	9	10	11	12	13	14
15	16	17	18	19	20	21
22	23	24	25	26	27	28
29	30	31	1	2	3	4

el fin de semana

週末

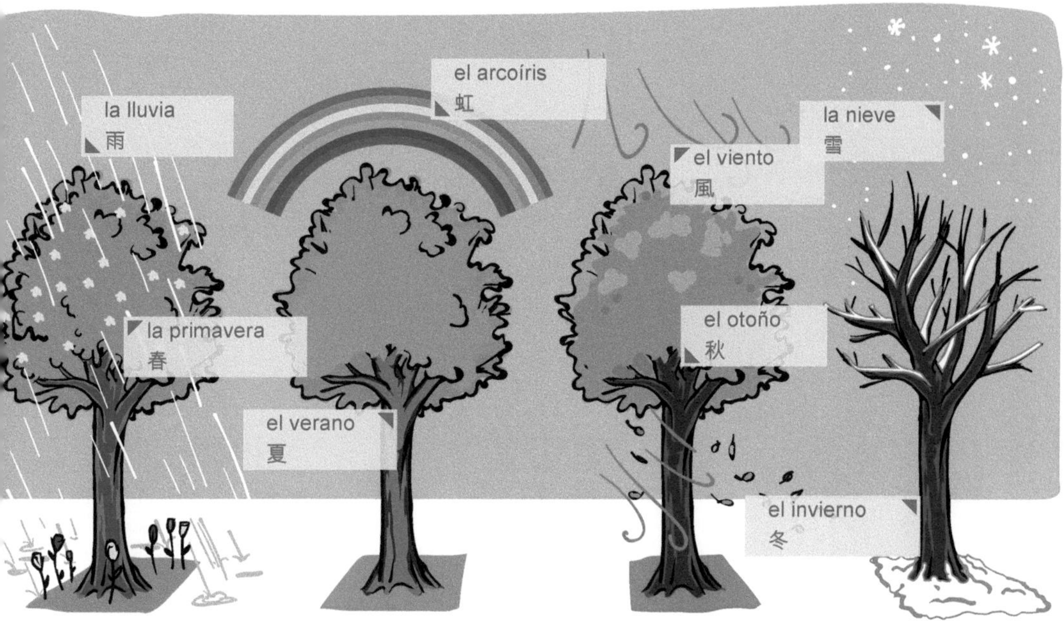

la lluvia
雨
el arcoíris
虹
la nieve
雪
el viento
風
la primavera
春
el otoño
秋
el verano
夏
el invierno
冬

4.APRIL 11°
5.APRIL 4°
6.APRIL 13°
7.APRIL 8°
8.APRIL 10°

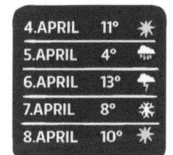

el pronóstico del tiempo

天気予報

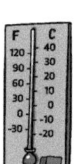

el termómetro

温度計

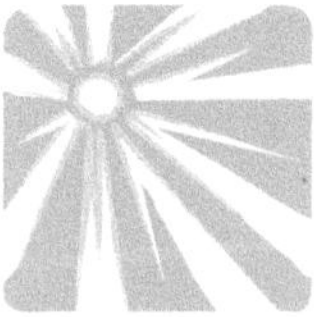

el sol

日差し

la nube

雲

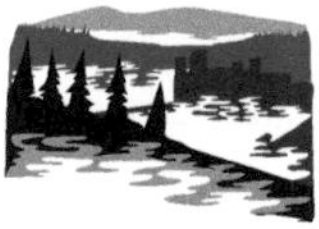

la niebla

霧

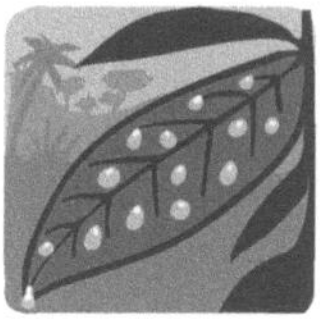

la humedad

湿度

el rayo

雷

el trueno

雷

la tormenta

嵐

el granizo

ひょう

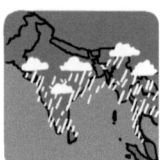

el monzón

季節風

la inundación

洪水

el hielo

氷

enero

1月

febrero

2月

marzo

3月

abril

4月

mayo

5月

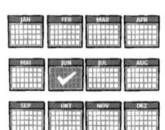

junio

6月

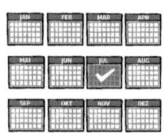

julio

7月

agosto

8月

septiembre

9月

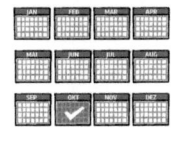

octubre

10月

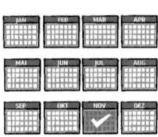

noviembre

11月

diciembre

12月

las formas

形

el círculo

円

el cuadrado

正方形

el rectángulo

長方形

el triángulo

三角

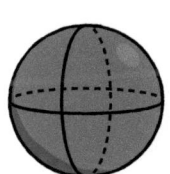

la esfera

球

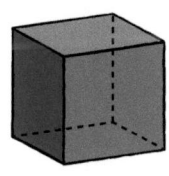

el cubo

立方体

blanco

白

amarillo

黄

anaranjado

オレンジ

rosa

ピンク

rojo

赤

morado

紫

azul

青

verde

緑

marrón

茶

gris

灰色

negro

黒

mucho / poco

多い / 少ない

enojado / tranquilo

怒っている /
落ち着いている

bonito / feo

美しい / 醜い

principio / fin

初め / 終わり

grande / pequeño

大きい / 小さい

claro / oscuro

明るい / 暗い

el hermano / la hermana

兄弟 / 姉妹

limpio / sucio

清潔な / 汚い

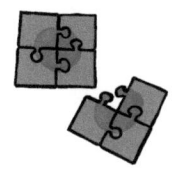

completo / incompleto

完全な / 不完全な

el día / la noche

日中 / 夜

muerto / vivo

死んだ / 生きている

ancho / estrecho

幅広い / 狭い

comestible / no comestible

食べられる /
食べられない

malo / amable

悪意のある / 親切な

entusiasmado / aburrido

興奮している /
退屈している

gordo / delgado

太った / 痩せた

primero / último

最初に / 最後に

el amigo / el enemigo

友人 / 敵

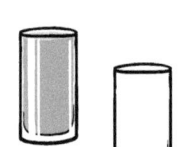

lleno / vacío

いっぱいの / 空の

duro / blando

硬い / 柔らかい

pesado / ligero

重い / 軽い

el hambre / la sed

空腹 / 喉の渇き

enfermo / sano

病気の / 健康な

ilegal / legal

違法な / 合法な

inteligente / tonto

賢い / 愚かな

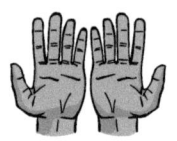

izquierda / derecha

左に / 右に

cerca / lejos

近い / 遠い

nuevo / usado

新しい / 中古の

nada / algo

何もない / 何かある

viejo / joven

老いた / 若い

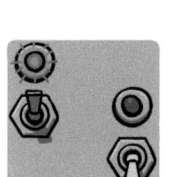

encendido / apagado

オン / オフ

abierto / cerrado

開いている /
閉まっている

silencioso / ruidoso

静かな / うるさい

rico / pobre

裕福な / 貧乏な

correcto / incorrecto

正しい / 間違っている

áspero / suave

粗い / なめらか

triste / contento

悲しい / 幸せな

corto / largo

短い / 長い

lento / rápido

ゆっくり / 速い

húmedo / seco

濡れた / 乾いた

cálido / frío

温かい / 冷たい

guerra / paz

戦争 / 平和

los opuestos - 反対

0

cero

ゼロ

1

uno

1

2

dos

2

3

tres

3

4

cuatro

4

5

cinco

5

6

seis

6

7

siete

7

8

ocho

8

9

nueve

9

10

diez

10

11

once

11

12

doce

12

13

trece

13

14

catorce

14

15

quince

15

16

dieciséis

16

17

diecisiete

17

18

dieciocho

18

19

diecinueve

19

20

veinte

20

100

cien

100

1.000

mil

1000

1.000.000

el millón

100万

el inglés

英語

el inglés americano

アメリカ英語

el chino madarín

中国標準語

el hindi

ヒンディー語

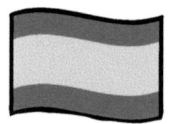

el español

スペイン語

el francés

フランス語

el árabe

アラビア語

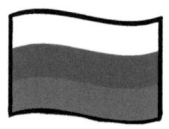

el ruso

ロシア語

el portugués

ポルトガル語

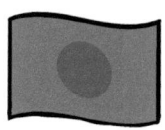

el bengalí

ベンガル語

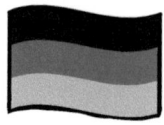

el alemán

ドイツ語

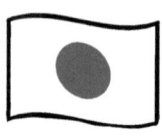

el japonés

日本語

yo

私

tú

あなた

él / ella / ello

彼 / 彼女 / それ

nosotros/as

私たち

vosotros/as

あなたたち

ellos/as

彼ら

¿quién?

誰？

¿qué?

何？

¿cómo?

どうやって？

¿dónde?

どこ？

¿cuándo?

いつ？

el nombre

名前

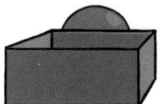

detrás

後ろ

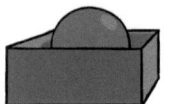

en

中

delante de

前

por encima de

上

sobre

上

debajo de

下

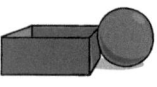

junto a

横

entre

間

el lugar

場所